Umwelthinweis: Gedruckt auf chlorfrei gebleichtem Papier
Titelgestaltung: Independent Medien-Design unter Verwendung einer Illustration von Karin Bauer

Druck: Neue Stalling, Oldenburg
Printed in Germany
ISBN 3-468-20378-0
www.langenscheidt.de

1. 2. 3. 4. 5. 06 05 04 03 02

Liebe Eltern, Großeltern, Lehrerinnen und Lehrer, ...

Inzwischen weiß man, dass Kinder im Grundschulalter viel leichter eine fremde Sprache lernen als im Teenageralter. Daher soll das Fremdsprachenlernen jetzt bereits in der Grundschule eingeführt werden. Die Unbefangenheit der Kinder gegenüber Neuem, ihre Fantasie und Lust am Ausprobieren sind ein entscheidendes Argument für das frühe Fremdsprachenlernen.

Grundschulkinder lieben und brauchen Geschichten, und diese bieten sich auch besonders zum spielerischen Sprachenlernen an, weil die Kinder so die fremde Sprache im Zusammenhang erleben. Auch wenn sie nicht jedes einzelne Wort verstehen, begreifen sie doch die Geschichte als Ganzes, besonders wenn ihnen Bilder und Audio-CDs dabei helfen.

All dies bietet „Zebra Toast on Monday", die abenteuerliche Geschichte von Sarah, die sich jeden Tag in ein anderes Tier verwandelt und damit für große Verwirrung zu Hause und in der Schule sorgt. Schon beim Betrachten der Bilder im Buch werden die Kinder verstehen, worum es in der englischen Erzählung geht. Damit sie jedoch noch mehr über die Verwandlungskünstlerin Sarah erfahren, gibt es eine begleitende Audio-CD, auf der der Junge Ben dem Nachbarskind Lisa sein Lieblingsbuch „Zebra Toast on Monday" vorliest, mit ihr anschaut und ihr alles, was sie noch nicht versteht, fachmännisch erklärt. So lernen die Kinder mit Ben auch gleich, wie die einzelnen Wörter und Sätze richtig ausgesprochen werden, und stellen am Ende mit Lisa fest, dass Englisch „tierisch" leicht ist.

Und zu guter Letzt können die Kinder mit dem Bastelbogen das soeben Gelernte auch noch spielerisch anwenden.

Eltern und alle wissbegierigen Kinder finden als Extraservice die deutsche Übersetzung der Erzählung und ein zweisprachiges Wörterverzeichnis im Buch. Die Wörter und Wendungen sind jeweils in der Form aufgelistet, in der sie auch im Text vorkommen.

Wenn sich Ihr Kind den Text von einer bestimmten Seite des Buches anhören möchte, kann es im Verzeichnis auf Seite 48 nachsehen, unter welchem CD-Track sie zu finden ist. Hier ist auch der Text der Lieder abgedruckt, die am Anfang und Ende der Audio-CD zu hören sind.

Und nun viel Spaß mit Sarah!

Autorin und Verlag

"Sarah," called Mum on Monday morning. "Time to get ready for school."

"I expect she's tired after our visit to the zoo yesterday," said Dad.

"Roar," said Sarah from her bedroom. "I'm King Lion, and lions don't have to go to school."

"Yes they do," said Mum. "Now, what do you want for breakfast?"

For breakfast Sarah had toast with butter and chocolate spread stripes.

"What's that?" asked Mum.

"Lions eat zebras. This is zebra toast," Sarah said.

Mum sighed.

"Well hurry up, it's time for school. And brush your hair."

"It's not hair, it's my lion's mane. Manes have to be wild." said Sarah. And she went to school with a loud roar.

"So, how was school?" asked Mum that afternoon.

"I think I roared too much," said Sarah. "My throat hurts."

On Tuesday morning Sarah got up early and played in her bedroom. Mum was in the kitchen.

"Sarah, have you seen my pink rubber gloves?" she called.

"Squawk," said Sarah.

Mum went into Sarah's bedroom. To her surprise she saw a flamingo! Sarah was standing on one leg. She was wearing her red leggings and a pink T-shirt. She had a cardboard beak on her nose, and Mum's pink rubber gloves on her feet.

"Squawk. I can only eat pink food today," said Sarah.

For breakfast she ate strawberry yoghurt and strawberry jam on toast. Then she went to school. Squawk!

"Where's my newspaper?"
asked Dad that evening.

A rustling noise came from Sarah's bedroom.
"My newspaper!" said Dad.

"It's my nest now," said Sarah the flamingo, and went to sleep.

"Oo oo oo," said Sarah the monkey on Wednesday morning.

"Would you like some bananas for breakfast this morning?" asked Mum.

"Yum yum. And bananas for lunch and banana cake and banana ice cream for supper," said Sarah the monkey.

Milk

After breakfast, Sarah the monkey went to school early so that she could play on the climbing frame in the school playground.

That evening Sarah stopped being a kangaroo when Mum gave her spinach and salad for supper. Then she went to bed early. All that jumping had made her very tired.

On Friday morning Sarah was not in her bedroom. Mum looked in the bathroom. Sarah was putting her hair into spikes.

"A hedgehog," said Mum. "I know what hedgehogs eat – juicy slugs and crunchy snails."

"Eeeks yuck," said Sarah the hedgehog and rolled herself up into a ball.

That morning Sarah the hedgehog went to school without any breakfast.

Sarah is a hedgehog!

After school Sarah's teacher wanted to see Mum.

"Please talk to Sarah. Her animal impressions are disturbing the class," the teacher said.

"I'll do my best," said Mum.

On Saturday Sarah was Sarah.
Mum was very happy.

On Sunday afternoon Sarah's grandparents took her out.

CIRCUS

When they arrived back home, Mum asked where they had been.

"To a great circus," said Sarah. "There were lion-tamers and acrobats, a tight-rope walker and even a fire-eater!"

Mum and Dad looked at each other.

"Oh no, not again," they both said.

Deutsche Übersetzung – Zebratoast am Montag

Seite 4/5

„Sarah“, rief Mama am Montag Morgen, „Mach dich fertig! Du musst in die Schule!“

„Sie ist bestimmt noch müde von unserm Zoobesuch gestern“, sagte Papa.

„Brüll“, sagte Sarah in ihrem Zimmer. „Ich bin der Löwenkönig, und Löwen müssen nicht in die Schule gehen.“

„Müssen sie wohl“, sagte Mama.
„So, und was möchtest du gern frühstücken?“

Zum Frühstück aß Sarah Toast mit Streifen aus Butter und Schokoladenaufstrich.

„Was ist denn das?“ fragte Mama.

„Löwen essen doch Zebras. Und das ist ein Zebratoast“, sagte Sarah. Mama seufzte.

„Los, beeil dich, du musst in die Schule. Und bürste dir noch die Haare.“

„Das sind keine Haare, das ist meine Löwenmähne. Mähnen müssen wild sein“, sagte Sarah. Und mit lautem Gebrüll ging sie in die Schule.

Seite 6/7

„Na, wie war es in der Schule?“ fragte Mama an diesem Nachmittag.

„Ich glaub, ich hab zu viel gebrüllt“, sagte Sarah. „Ich hab Halsschmerzen.“

Seite 8/9

Am Dienstag Morgen stand Sarah früh auf und spielte in ihrem Zimmer. Mama war in der Küche.

„Sarah, hast du meine rosa Gummihandschuhe gesehen?“ rief sie.

„Kreisch“, sagte Sarah.

Mama ging in Sarahs Zimmer. Zu ihrer Überraschung sah sie einen Flamingo! Sarah stand auf einem Bein. Sie trug ihre roten Leggings und ein rosa T-Shirt. Sie hatte einen Pappschnabel auf der Nase und Mamas rosa Gummihandschuhe an den Füßen.

„Kreisch! Heute kann ich nur rosa Sachen essen“, sagte Sarah.

Zum Frühstück aß sie Erdbeerjoghurt und Toast mit Erdbeermarmelade.

Dann ging sie in die Schule. Kreisch!

Seite 10/11

„Wo ist eigentlich meine Zeitung?“ fragte Papa an diesem Abend. Aus Sarahs Zimmer erklang ein Rascheln.

„Meine Zeitung!“ sagte Papa.

„Die ist jetzt mein Nest“, sagte Sarah, der Flamingo, und schlief ein.

Seite 12/13

„Uh, uh, uh“, sagte Sarah, der Affe, am Mittwoch Morgen.

„Möchtest du heute Bananen zum Frühstück?“ fragte Mama.

„Lecker! Und Bananen zum Mittagessen und Bananenkuchen und Bananeneis zum Abendessen“, sagte Sarah, der Affe.

Seite 14/15

Nach dem Frühstück ging Sarah, der Affe, gleich in die Schule, damit sie noch am Klettergerüst auf dem Schulhof spielen konnte.

Seite 16/17

„Boing!“ Ein Känguru hüpfte in die Küche. Es war Donnerstag Morgen und Zeit fürs Frühstück. „Was essen Kängurus eigentlich?“ erkundigte sich Sarah.

„Gras und Blätter“, sagte Mama.

„Ich glaub, ich esse nur Obst“, sagte Sarah, das Känguru. Sie aß einen Apfel und legte eine Birne in ihren Beutel, für später.

cake	Kuchen
called	rief
came	kam
can	kann
cardboard	Pappe
cardboard beak	Pappschnabel
chocolate	Schokolade
chocolate spread	Schokoladenaufstrich
circus	Zirkus
class	Unterricht
climbing frame	Klettergerüst
could	konnte
crunchy	knusprig

Dad	Papa
disturb	stören
are disturbing	stören
don't have to	müssen nicht

each other	sich
early	früh
eat	essen, fressen
eeeks	igitt
even	sogar
evening	Abend
that evening	an diesem Abend
expect	annehmen
I expect she's tired	sie ist bestimmt müde

feet	Füße
fire-eater	Feuerschlucker
flamingo	Flamingo
food	Essen
for	für
for later	für später
Friday	Freitag
from	aus
from her bedroom	aus ihrem Zimmer
fruit	Obst

gave	gab
get ready	mach dich fertig
go	gehen
go to school	in die Schule gehen
got up	stand auf
grandparents	Großeltern
grass	Gras
great	toll

had	hatte
hair	Haar(e)
happy	glücklich, froh
have	haben
had been	gewesen waren
had made	hatte gemacht
have to	müssen
have to be wild	müssen wild sein
hedgehog	Igel
her	ihr
herself	sich (selbst)
home	nach Hause
how	wie
how was school?	wie war's in der Schule?
hurry up	beeil dich
hurts	tut weh

I	ich
I'll	ich werde
I'll do my best	ich tu, was ich kann
I'm	ich bin
ice cream	Eis(creme)
impressions	Imitationen
in	in
into	in
is	ist
it	es
it's	das ist
it's not hair	das sind keine Haare

jam	Marmelade
juicy	saftig
jumped into	hüpfte in
jumping	das Hüpfen
all that jumping	das viele Herumhüpfen
just	nur

kangaroo	Känguru
king	König
King Lion	Löwenkönig
kitchen	Küche
know	wissen
I know	ich weiß

later	nachher, später
for later	für später
leaves	Blätter
leg	Bein
leggings	Leggings
like	mögen
would you like ...?	möchtest du ...?
lion(s)	Löwe(n)
lion's mane	Löwenmähne
lion-tamers	Dompteure, Löwenbändiger
looked	schaute
looked at each other	schauten sich an
loud	laut
lunch	Mittagessen

made	machte
make	machen
mane(s)	Mähne(n)
Monday	Montag
monkey	Affe
morning	Morgen, Vormittag
this morning	heute Morgen
much	viel
Mum	Mama, Mutti
my	mein(e)

nest	Nest
newspaper	Zeitung
noise	Geräusch
nose	Nase
no	nein
oh no	oh nein
not	nicht
not again	nicht schon wieder
now	jetzt

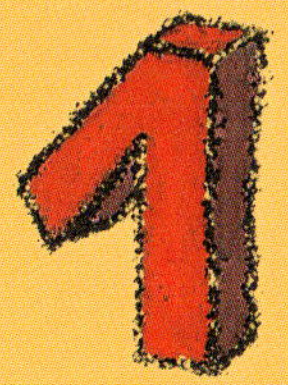

on	am, auf
on Monday morning	am Montag Morgen
on one leg	auf einem Bein
one	ein
only	nur
our	unser

pear	Birne
pink	rosa
play	spielen
played	spielte
playground	Schulhof
please	bitte
pouch	Beutel
put	legte
was putting	legte

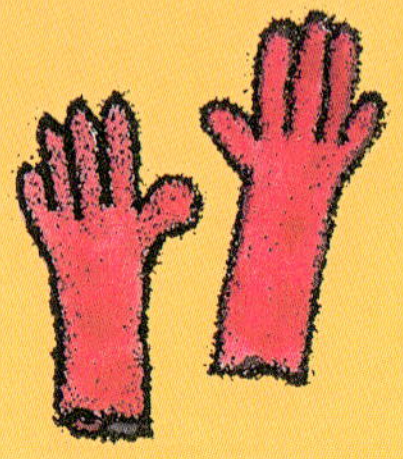

red	rot
roar	Gebrüll
roar!	brüll!
roared	brüllte
rolled herself up	rollte sich zusammen
rubber glove(s)	Gummihandschuh(e)
rustling	raschelnd
a rustling noise	ein Rascheln

said	sagte
salad	Salat
Saturday	Samstag
saw	sah
see	sehen, sprechen
seen	gesehen
have you seen?	hast du gesehen?
school	Schule
she	sie
she's	sie ist
sighed	seufzte
sleep	schlafen
slugs	Nacktschnecken
snails	Schnecken
so	nun
so that	damit
some bananas	Bananen
spikes	Stacheln
spinach	Spinat
squawk!	krächz!, kreisch!
standing	stehend
was standing	stand
stopped	hörte auf
stopped being	hörte auf ... zu sein
strawberry	Erdbeeere
stripes	Streifen
Sunday	Sonntag
supper	Abendessen
for supper	zum Abendessen
surprise	Überraschung
to her surprise	zu ihrer Überraschung

talk to	sprechen mit
teacher	Lehrer(in)
that	das
the	der, die, das
then	dann
there were	es gab

they	sie
they do	sie müssen
think	denken
I think	ich glaube
this	dies
this is	das ist
throat	Hals
my throat hurts	ich habe Halsschmerzen
Thursday	Donnerstag
tight-rope walker	Seiltänzer(in)
time	Zeit
time to get ready	Zeit, um sich fertig zu machen
time for school	Zeit für die Schule
tired	müde
to	zu, nach
toast	Toast
today	heute
too	zu
too much	zu viel
took ... out	nahmen ... mit
T-shirt	T-Shirt
Tuesday	Dienstag
Tuesday morning	Dienstag Morgen

very	sehr
visit	Besuch
visit to the zoo	Zoobesuch

wanted	wollte
was	war
was not	war nicht
was wearing	trug
Wednesday	Mittwoch
well	nun
went (into)	ging (in)
went to sleep	schlief ein
went to school	ging in die Schule
what	was
what do ... eat?	was essen ...?
what do you want?	was möchtest du?
what's that?	was ist das?
when	als

damit	so that
dann	then
das	the
das ist	this is, it's
das viele Herumhüpfen	all that jumping
dein	your
der	the
die	the
Dienstag	Tuesday
dies	this
Dompteure	lion-tamers
Donnerstag	Thursday
du	you

ein	a, an
ein (betont)	one
Eis(creme)	ice cream
Erdbeere	strawberry
es	it
es gab	there were
es ist	it's
essen	eat
Essen	food

Feuerschlucker	fire-eater
Flamingo	flamingo
fragte	asked
Freitag	Friday
fressen	eat
früh	early
Frühstück	breakfast
zum Frühstück	for breakfast
für	for
für später	for later
Füße	feet

gab	gave
Gebrüll	roar
mit lautem Gebrüll	with a loud roar
gebrüllt	roared

gehen	go
Geräusch	noise
gesehen	seen
hast du ... gesehen?	have you seen ...?
gestern	yesterday
gewesen waren	have been
ging	went
ging zur Schule	went to school
ging in ...	went into ...
glauben	think
glücklich	happy
Gras	grass
Großeltern	grandparents
Gummihandschuhe	rubber gloves

Haar(e)	hair
das sind keine Haare	it's not hair
haben	have
Hals	throat
Halsschmerzen	
ich hab Halsschmerzen	my throat hurts
hast du gesehen?	have you seen?
hatte	had
hatte gemacht	had made
hatte sie müde gemacht	had made her tired
heimkamen	arrived back home
heute	today
heute Morgen	this morning
hörte auf	stopped
hörte auf ein Känguru zu sein	stopped being a kangaroo
hüpfte in	jumped into

ich	I
ich bin	I'm
ich glaube	I think
ich werde	I'll
ich tu, was ich kann	I'll do my best
Igel	hedgehog
igitt!	eeeks!
ihr	her
Imitationen	impressions
in	in
irgendein	any
ist	is

ja	yes
jetzt	now
Joghurt	yoghurt

kam	came
Känguru	kangaroo
kann	can
Kinderzimmer	bedroom
Klettergerüst	climbing frame
knusprig	crunchy
König	king
konnte	could
kreisch!	squawk!
Küche	kitchen
in der Küche	in the kitchen
Kuchen	cake
Kugel	ball

laut	loud
lecker	yum yum
Leggings	leggings
legte	put
Lehrer(in)	teacher
Löwe(n)	lion(s)
Löwenbändiger	lion-tamers
Löwenkönig	King Lion
Löwenmähne	lion´s mane
luden sie ein	took her out

mach dich fertig	time to get ready
machte	made
Mähne(n)	mane(s)
Mähnen müssen wild sein	manes have to be wild
Mama	Mum
Marmelade	jam
mein(e)	my
mit	with
Mittagessen	lunch
Mittwoch	Wednesday
möchtest du ...?	would you like ...?
Montag	Monday
Morgen	morning
müde	tired
müssen	have to
müssen nicht	don't have to
müssen sie wohl	yes they do

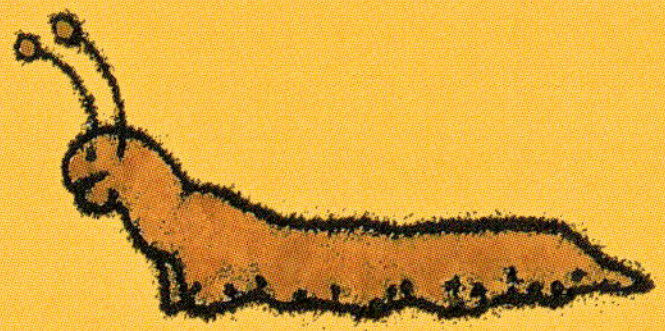

nach	after
nach unserem Zoobesuch	after our visit to the zoo
Nachmittag	afternoon
an diesem Nachmittag	that afternoon
Nacktschnecken	slugs
Nase	nose
auf ihrer Nase	on her nose
nein	no
Nest	nest
nicht	not
nicht schon wieder	not again
nun	so
nur	only

Obst	fruit
ich esse nur Obst	I'll just have some fruit
o nein	oh no
ohne	without
ohne Frühstück	without any breakfast

Papa	Dad
Pappe	cardboard
Pappschnabel	cardboard beak
pfui Spinne	yuck

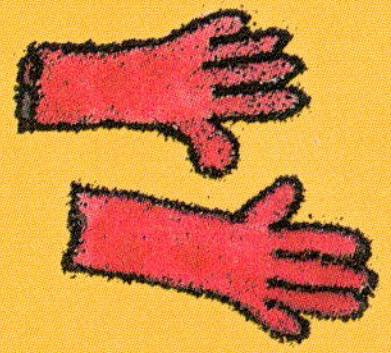

Rascheln	rustling noise
raschelnd	rustling
rief	called
rollte sich zusammen	rolled herself up
rosa	pink
rot	red

saftig	juicy
sagte	said
sah	saw
Salat	salad
Samstag	Saturday
schaute	looked
schauten sich an	looked at each other

schlief ein	went to sleep
Schnabel	beak
Schnecken mit Häuschen	snails
Schokolade	chocolate
Schokoladenaufstrich	chocolate spread
Schule	school
in die Schule gehen	go to school
Schulhof	playground
auf dem Schulhof	in the school playground
sehr	very
sehr müde	very tired
Seiltänzer(in)	tight-rope walker
sein	be
seufzte	sighed
sich fertig machen	to get ready
sie (Einzahl)	she
sie ist	she's
sie (Mehrzahl)	they
sie müssen	they do
sie sind	they are
so	now
sogar	even
Sonntag	Sunday
später	later
für später	for later
spielte	played
Spinat	spinach
sprechen mit	talk to, see

Stacheln	spikes
zwirbelte ihre Haare zu Stacheln	was putting her hair into spikes
stand	was standing
stand auf einem Bein	was standing on one leg
stand früh auf	got up early
stören	are disturbing
Streifen	stripes

Tier	animal
Tierimitationen	animal impressions
Toast	toast
toll	great
trug	was wearing
T-Shirt	T-shirt
tut weh	hurts

Überraschung	surprise
zu ihrer Überraschung	to her surprise
und	and
unser	our
Unterricht	class

viel	much
von	from

war	was
war nicht	was not
was	what
was essen Kängurus?	what do kangoroos eat?
was ist das denn?	what's that?
was möchtest du frühstücken?	what do you want for breakfast?
weiß	know
ich weiß	I know
wie	how
wie war's in der Schule?	how was school?
wieder	again
wild	wild
wissen	know
wo	where
wo ist ...?	where's ...?
wo sie gewesen wären	where they have been
wollte	wanted
wollte mit ... sprechen	wanted to see ...

Zebra(s)	zebra(s)
Zebratoast	zebra toast
Zeit	time
Zeit (sich) für die Schule (fertig zu machen)	time (to get ready) for school
Zeitung	newspaper
Zimmer	bedroom
Zirkus	circus
Zoo	zoo
Zoobesuch	visit to the zoo
zu	to
zu ihrer Überraschung	to her surprise
zu viel	too much
zum Abendessen	for supper
zum Frühstück	for breakfast

Zebrasong 1

Irgendwo in einem Zoo
leben Tiere aus Afrika und so.
Man sieht sie hinter Gittern,
niemand muss dann zittern.

Sarah hat auch die Löwen gesehen.
Die müssen nicht mal zur Schule gehen.
Und weil die Löwen Zebras fressen,
wird morgens auch Streifen-Toast
gegessen.

Zebra Toast am Montag,
Mittwoch wird sie ein Affe.
Donnerstag ein Känguru,
fehlt nur noch die Giraffe.

Zebra Toast am Montag,
Mittwoch wird sie ein Affe.
Donnerstag ein Känguru,
fehlt nur noch die Giraffe.

Mit pinkem Shirt und roten Hosen –
dazu auch noch die richtigen Posen –
wird Sarah ein Flamingo: was fehlt
sind Handschuhe aus rosa Gummi –
das zählt.

Wilde Tiere gibt es nicht nur im Zoo,
im Zirkus sind sie sowieso.
Man muss auch gar nicht lange warten
auf Löwenbändiger und Akrobaten.

Zebra Toast am Montag,
Mittwoch wird sie ein Affe.
Donnerstag ein Känguru,
fehlt nur noch die Giraffe

Zebra Toast am Montag,
Mittwoch wird sie ein Affe.
Donnerstag ein Känguru,
fehlt nur noch die Giraffe.

Zebrasong 2

Monkey, lion, kangaroo –
All these animals in the zoo.
Man sieht sie hinter Gittern,
niemand muss dann zittern.

Sarah fand es besonders cool:
Lions don't have to go to school.
And then when she 's a kangaroo
muss sie hüpfen immerzu.

Zebra Toast on Monday –
Mittwoch wird sie ein Affe.
Thursday she's a kangaroo –
fehlt nur noch die Giraffe.

Zebra Toast on Monday –
Mittwoch wird sie ein Affe.
Thursday she's a kangaroo –
fehlt nur noch die Giraffe.

On her nose a cardboard beak.
Mum's pink rubber gloves on her feet.
She is a flamingo now.
What a big surprise – oh wow!

Sarah is a hedgehog – toll!
She rolls herself up into a ball.
Without breakfast – off to school.
Und das ist überhaupt nicht cool.

Zebra Toast on Monday –
Mittwoch wird sie ein Affe.
Thursday she's a kangaroo –
fehlt nur noch die Giraffe.

Zebra Toast on Monday –
Mittwoch wird sie ein Affe.
Thursday she's a kangaroo –
fehlt nur noch die Giraffe.

Hier findet ihr sofort die Stelle, die ihr hören wollt:

Tonaufnahmen:
Eimsbütteler Tonstudio, Hamburg
Ben: Nadir Houchee
Lisa: Olivia Kähne
Erzähler: Jens Wendland
und außerdem: Dagmar Puchalla,
Sylvie Nogler, Leo Kähne,
Alexander Kapp,
Berthold von der Ohe